Ciuccio, Alejandro Fabian
   El regalo más valioso : la experiencia de los primeros pasos por el camino en la espiritualidad / Alejandro Fabian Ciuccio. - 1a ed ilustrada. - Posadas : Alejandro Fabian Ciuccio, 2024.
   Libro digital, DOC

   Archivo Digital: descarga y online
   ISBN 978-631-00-2903-0

   1. Crecimiento Espiritual. 2. Desarrollo Personal. 3. Astrología. I. Título.
   CDD 158.1

CAF

EL REGALO MÁS VALIOSO

Nadir en el camino

Contenido

Los motivos de este libro.

Un libro siempre es una ofrenda, es algo a lo que se da vida. Este en particular, surge de lo que siempre quise dar a mis hijos. Lo comparto con ellos y también con todo aquel que quiera disfrutarlo.

Como me enseñó mi maestro: — Las cosas más valiosas, son aquellas que se pueden compartir, sin perderlas.

Un regalo así, es doblemente valioso.

Los niños, tienen una conexión muy fuerte, que la van perdiendo con el tiempo. Vivir en esta vida tan superficial, nos hace olvidar lo más importante. Este libro nos ayuda a recuperar esa conexión y compartirla con nuestros hijos, para que no la pierdan nunca.

Dejar que la vida les enseñe a los golpes, les hace perder mucho tiempo. No hay necesidad de sufrir esperando un momento especial, un maestro, o un salvador; para que mejore, mágicamente sus vidas. Compartir con ellos este *"regalo"*, es poner en sus manos una herramienta que les permita retener ese conocimiento, que la mayoría de las personas olvida.

Vivir libres y felices, no depende de los esfuerzos que se hagan en la vida. Hay que tener un rumbo, para saber a dónde se quiere llegar. La experiencia siempre sirve, pero es más útil cuando se la comparte y esto ayuda a más personas. Sobre todo, cuando queremos darles algo que les sirva para siempre.

Poema: El Caminante y el Camino.

Él, Yo, y el que me toca ser… aquí y ahora.

Soy el camino mismo, y el que me toca ser esta

vez, aquí y ahora; es "el caminante".

El que vive, a cada paso en esta vida.

Existo… ¿Y quién soy?, ¿De dónde vengo? y ¿A dónde voy?

Soy el que soy, el mismo de siempre. Vengo de Él y

a Él retorno, mientras que, en Él, existo.

Pero en el juego de la vida, tengo un cuerpo, emociones

y una mente, con esto percibo esta existencia.

Y en Su Presencia, vivo en el Cielo y sin ella, camino por el Infierno.

Sufro cuando me olvido quién Soy, y soy libre, cuando lo recuerdo.

Yo soy aquello, aquello soy YO.

CAF

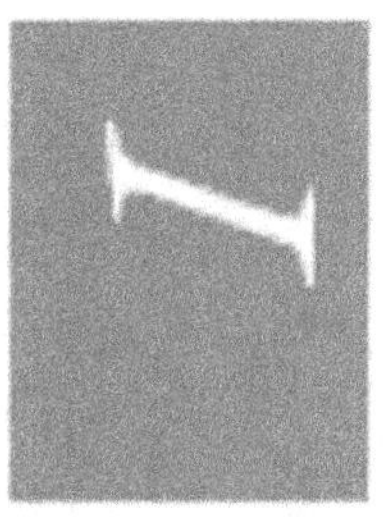

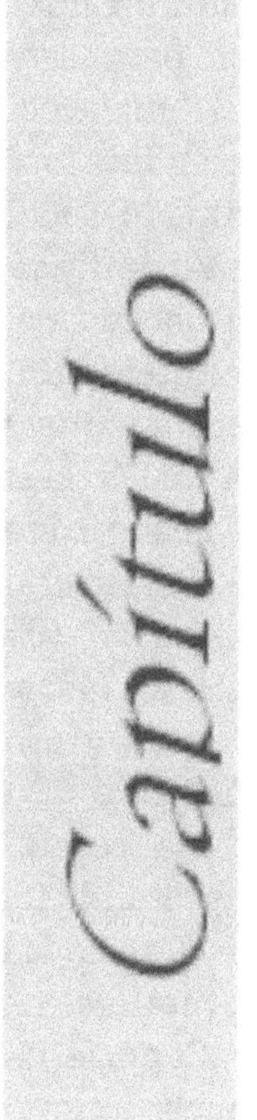

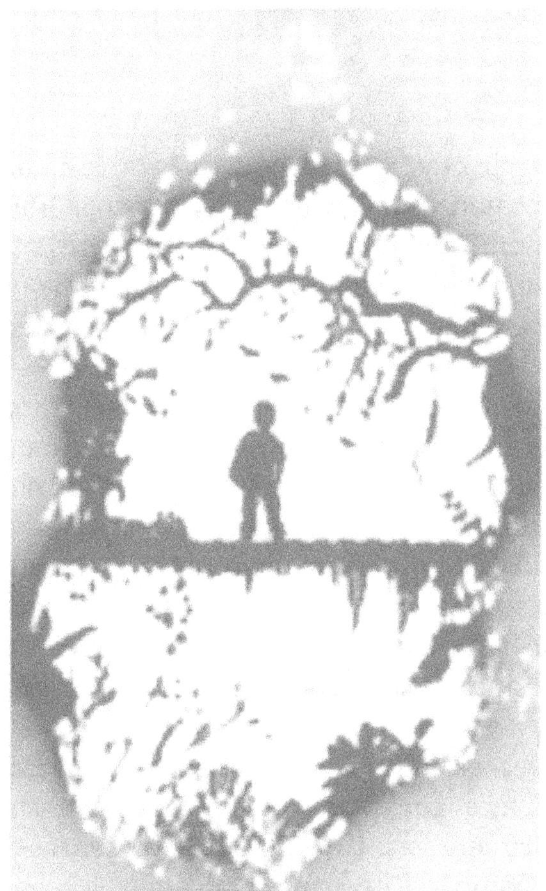

EL REGALO MÁS VALIOSO

CAF

El principio que recuerdo.

Quizás podría decir que la historia comienza, si podemos hablar de un comienzo, solo como un punto en la línea del tiempo, en la continuidad de mi existencia. Pero, sí, es el primer recuerdo nítido de mi mente en esta vida. Aunque no sea relevante mi historia personal, ni mis anécdotas. Las puedo contar solo para acompañar el relato con algo de conocimiento.

Tenía yo cinco años, estaba jugando feliz en la selva, que se extendía a lo lejos, más allá del patio de mi casa. Vivía en un pueblo llamado Dos de Mayo, en la Provincia de Misiones, al noreste de Argentina. Mi casa estaba en los límites del pueblo, de aquel entonces. Una casa linda, con piso de madera. No era muy grande, pero tenía un sótano muy espacioso. La casa estaba alejada del centro y muy próxima a la exuberancia de una selva majestuosa. La cual creía conocer, tanto como si fuera el patio de mi casa, que de hecho lo era.

Recuerdo que empezaba a subir a los árboles. Era toda una iniciación para mí, nada es igual para un niño después de subirse solo, a un árbol por primera vez. Experimenta una sensación de libertad y un poder, como si fuera un total dominio sobre su cuerpo.

Me sentía libre, íntegro, feliz. Erguía mi espalda, como expresando fortaleza y seguridad. Respiraba hondo y miraba hacia un claro en la selva, que me contenía con su gran útero, de madre naturaleza.

Conocía ese lugar, bastante lejos de mi casa, una tarde de mucho calor, como es normal en el norte de Argentina. Sentía que era como un sitio especial. La selva, suele tener estos lugares misteriosos, místicos; despejados en el medio de la nada, pero siempre cerca de un gran árbol o un surco de agua, como si fueran los guardianes del santuario.

Me gustaba acostarme en el suelo y mirar el sol a través de las hojas de los árboles. Los pájaros iban y venían, como buscando algo. Siempre escuché sus cantos, como si pudiera entenderlos.

Tenía un solo amigo, que vivía cerca, él sólo hablaba alemán, como todos en su casa. No lo dejaban salir todos los días, pero cuando podíamos, nos escapábamos a la selva. Teníamos la misma edad y todavía no íbamos a la escuela. No hablábamos casi nada, porque no me entendía mucho y yo tampoco, pero nos divertíamos.

Cuando iniciamos la escuela, nos distanciamos un poco. Había más chicos y otros juegos, aunque yo prefería la soledad de la selva. Me gustaba subir a los árboles, lo más alto posible y mirar desde arriba. En mí, resonaba siempre la voz de mi padre, recordándome que era peligroso subir a los árboles.

Era una zona donde había muchas mariposas. En realidad había mucho de todo, hormigas, animales, plantas; por todos lados, como en cualquier selva, me gustaba eso. Siempre pensé que era más fácil entender a los pájaros, que a mi amigo Elberg.

Pasaban los días de mi mágica infancia y siempre volvía a ese lugar especial, que quedaba bastante lejos de mi casa. Subía a ese árbol y hacía algunas piruetas. Me sentía libre, fuerte, y desafiante. Hasta que un día, en una de sus ramas, me colgué de piernas, extendí mis brazos hacia abajo, y en un instante, tuve un pequeño gran accidente.

Caí de espaldas al suelo y tuve un golpe muy fuerte. Me asusté, y me asusté mucho. Ese golpe que dolía tanto, como a todo niño, me dio mucho miedo, un miedo más profundo que el dolor. Tendido entre las hojas, mirando hacia al cielo que tímidamente se mostraba a través de las ramas de los árboles. Sin respirar, con los ojos muy abiertos, sin poder gritar, aunque sabía que nadie podía escucharme, ya que estaba muy lejos de mi casa.

Lloré asustado. Los niños lloran más por el miedo, que por el dolor. No conocen *los tiempos del dolor*. No conocen el tiempo que va a durar ese sufrimiento, y es tal la desesperación, que imaginan que les durará para toda la vida o que quizás empeorará hasta morir. El pánico es frío, paralizante, y mucho más cuando no se puede respirar.

El niño no sabe cuánto tiempo dolerá, es una desesperación que se vive hasta que se aprende de *los tiempos del dolor*. Comienza con un golpe o con un accidente en un determinado momento, pero no se sabe cuándo va a terminar. Quizás nunca. Creyendo que será para siempre y es por esto, su desesperación y su pánico.

Cuando somos más grandes, ya tenemos experiencias con el sufrimiento y sabemos de acuerdo al tipo de golpe, accidente o enfermedad, cuánto va a durar ese dolor. Puede durar 15 segundos, 1 minuto o algo más. Hay dolores agudos y dolores graves, hay enfermedades que duran años y golpes que duran segundos. Pero para un niño, este conocimiento llega con el tiempo y la experiencia, como todo.

Quizás por eso cuando un niño se lastima o se enferma, su madre o su padre, lo acaricia y le cuenta el cuentito de la rana. *"Sana, sana, colita de rana, si no sana hoy, sanará mañana"*. Dándole una seguridad desde el amor, para que el niño calme su pánico y entienda que el dolor es momentáneo y que pronto pasará, poniéndole un margen de tiempo, como un simple hasta cuándo.

Es muy importante para un niño entender que pronto pasará, que aunque eso no termina con su dolor, le quita el pánico, permitiéndole entonces, respirar y recomponerse. Así puede soportar, su miedo y su sufrimiento.

La consciencia del hombre, evoluciona por comprensión o por dolor. Si no hay comprensión, hay dolor. Y si hay dolor, por lo menos necesitamos entender su espacio-tiempo.

Entonces en aquel lugar y en aquel instante, me di cuenta que estaba solo, lejos y que nadie podría entender lo que me estaba pasando. Me sentí inseguro, quizás desprotegido y así fue como busqué ese algo, y en esa búsqueda, me volví. Sentí que me retraía, que me escondía, que me volvía, y descubrí ese lugar, ese lugar… en mí.

EL REGALO MÁS VALIOSO

CAF

La cueva del silencio

La Cueva, es el lugar al que me retiré en ese momento, aunque solo con el tiempo le puse este nombre. La Cueva era un lugar dentro de mí, en lo más profundo de mi ser. Era ese lugar hermoso, limpio, tibio y sobre todo luminoso, extraordinariamente luminoso, con una cálida luz que disuelve hasta la más oscura de las sombras.

Allí no había nada, estaba totalmente vacío, solo se percibía la luz y el silencio, pero era hermoso, era seguro y cuando estaba allí, no sentía el miedo, el dolor, ni la soledad. Era ese lugar tan perfecto que siempre quería estar ahí dentro.

En ese lugar no pensaba, no respiraba; solo podía ser y percibir. Cuando me conectaba con algún pensamiento, simplemente me salía de la Cueva, era como expulsado de ella. Tenía que inspirar profundo, anular los sentidos y escuchar la pulsación para volver a entrar.

No había tiempo, ni espacio. No había ni algo, ni nadie y con solo el hecho de pensar, era como exhalado hacia afuera, era como dar un paso y salir. No estaba sorprendido de lo que descubrí, me parecía muy normal, como si siempre estuvo disponible.

El silencio era calmo, dulce, protector, pero sabía que no me podía quedar para siempre en ese lugar. Y cuando salía, el dolor volvía, el miedo volvía, la soledad volvía. Inspiraba y entraba, luego volvía a salir. El dolor, el miedo y la soledad poco a poco se disolvían, pero cada tanto cerraba los ojos, respiraba y volvía. Así varias veces entraba y salía, hasta que me dormí y luego al despertar me vi afuera, pero recordaba de donde salí y como podía volver.

Así fue que estaba nuevamente afuera y caminé pensando

hasta volver a mi casa. ¿Qué diría mi padre? No pude contar que me dolía la espalda por el golpe, ya que no podía decir lo que me había pasado y mucho menos, dónde me había pasado.

El accidente fue tan lejos de casa, en un lugar al que no podía ir solo y mucho menos a subirme a los árboles. Así que como no pude contar sobre el accidente, tampoco conté lo que había descubierto en mí.

Fue la Cueva mi primer secreto, no porque quería ocultarlo, sino porque la anécdota del accidente iba a ser más considerada que aquello que había descubierto y entonces no tenía razón para contarlo. Sabía que contar una parte de la historia, inexorablemente me llevaría a contar todo, y seguramente tendría consecuencias y castigos, por estar haciendo lo que no debía y donde no debía. En esa época, y para la edad que tenía, no se me estaba permitido ir muy lejos, más allá de los límites de la casa.

Ese espacio en la selva se convirtió en mi secreto, era un lugar hermoso, cerca de un ojo de agua y lejos de mi casa, al que solía ir cuando podía escapar del control de mi madre. Pero también iba, y más seguido, a ese lugar dentro de mí. Al que tenía acceso en cualquier momento y en cualquier lugar.

Poco a poco fui creciendo, pero nunca dejé de ir a ese lugar, que yo llamé "la Cueva". Sabía que cuando me despertaba, venía de allí y entonces para dormir, siempre volvía, a la Cueva.

Al iniciar la escuela, solía ver a los demás niños cuando estaban sentados, con sus miradas alejadas, como tristes, idos. Pensaba que debían irse a sus Cuevas. Seguramente se ocultaban, para sobrellevar la situación de su realidad. Creía que a ellos, como a mí, les pesaba estar entre tanta gente, tanto ruido. Naturalmente se tenían que refugiar, al menos un rato en su Cueva.

Nunca le pregunté a ningún niño, si tenía una cueva como la mía, lo creía normal.

— Todos tenemos una — pensaba yo.

Solía observar que los niños dejaban sus cuerpos fríos, quietos, como abandonados. No sabía si esto pasaba siempre que se iban a sus cuevas, o si se iban porque se sentían tristes o doloridos.

Una vez, observando a un niño en penitencia, pensaba:

—Seguramente se fue a su cueva y dejó aquí su cuerpo triste y solo, pero allí está feliz y tranquilo.

Siempre creí, que la gente triste es la que deja su cuerpo sin consciencia y se va a su cueva. Allí, seguramente, podría soportar el dolor, la soledad y la angustia.

En la cueva no hay dolor, no hay sufrimiento, no hay posibilidad de sentir, ya que, para sentir, hay que pensar, y cuando se piensa, naturalmente, se sale de la Cueva.

El aquí y ahora, es una existencia eterna, sin cambios, sin estados que inician o terminan, es una consciencia de continuidad. El estado es la felicidad, la calma, la eterna paz, que solo la perdemos cuando nuestra mente se traslada al pasado o al futuro para comparar situaciones. Y es así como experimentamos el sufrimiento, cuando somos expulsados del paraíso por elegir entre lo que deseamos y lo que no deseamos.

Salimos expulsados a la irrealidad, a la ilusión. Recordar el pasado que ya no existe o imaginarnos el futuro, que tampoco existe aún, emocionándonos por eso; es un autoengaño, una trampa de la mente que nos mantiene ocupados en lo que muchos creen que es la realidad.

Hay cosas que consideramos reales, que ya no son reales o que todavía no son reales. La única verdad es la realidad del aquí y ahora. Lo demás es un recuerdo o una imaginación de algo que ya pasó o que creemos que va a pasar.

Es como cuando miramos una estrella. Una estrella que está a millones de años luz de nosotros, quiere decir que los rayos de su luz, tardan en llegar hasta nosotros millones de años. Quizás lo que estemos mirando, es la llegada de los últimos rayos de luz de una estrella que ya no existe, que ya se desintegró. Creemos que está allí y en realidad, solamente son los vestigios de los últimos rayos que emitió.

También están las estrellas que apenas nacen, pero sus rayos todavía no los vemos. Y decimos:

<< "Ahí está la estrella" o "Ahí no hay ninguna estrella">> y en realidad es solo nuestra incapacidad de *ver*. Hay estrellas naciendo

y estrellas desintegrándose en la inmensidad del tiempo y el espacio, como si fuera una gran película de la que nosotros vemos una foto y creemos que esa es *la verdad;* y en realidad la *verdad*, es lo que *es* y no lo que nos imaginamos o recordamos con el cristal nublado de nuestra ignorancia.

Pero dentro de la Cueva, estas cosas son percibidas con naturalidad, como parte de la existencia, como esa *eterna verdad*. Es como escuchar a Dios que nos habla a nosotros, a todos al mismo tiempo, y comprendemos lo que todos comprenden y formamos parte de la realidad del todo y todas las cosas, donde no hay lo bueno, ni lo malo, lo uno o lo otro.

En ese estado, que es como sumergirse en un estanque de luz pura y respirar la luz, alimentarse de esa luz y vivir con esa luz. Como si existiéramos en la placenta del vientre del Universo.

De *allí* venimos y *allí* volveremos. Dios está allí y en todas partes, puesto que no hay forma de estar fuera de Dios. Podemos ignorarlo, podemos olvidarlo, podemos revelarnos, pero vivimos, nos movemos y tenemos nuestro *ser*, en Él.

EL REGALO MÁS VALIOSO

CAF

La escala de valores

"El hombre es producto de su medio".

Una frase que entendí mucho más tarde.

A medida que fui creciendo, la necesidad de definirme como persona, como individuo, como personalidad en este mundo; me llevó a crear mi propia escala de valores. Todos, en algún momento, establecemos nuestra escala de valores, definimos nuestra forma de pensar, de expresarnos, de relacionarnos, y todo esto es producto de lo que nos demanda nuestro tiempo y nuestro cotidiano. Así es como definimos nuestra personalidad y nos vamos olvidando de ese ser natural, conectado al universo.

Al crecer tenía la necesidad de intelectualizarme, de relacionarme desde los sentimientos, desarrollarme físicamente y todo esto me alejó del contacto interno, me ocupó el tiempo y la energía de vida. Poco a poco, como muchos de nosotros, dejé de irme al centro de mí mismo, dejé de ir a la Cueva. Buscaba afuera, en lugares o personas, aquello que pude experimentar cuando era niño. Viajaba mucho y conocí mucha gente con la que compartí muchas historias. Personas que tenían algo para dar, para enseñar, pero que también estaban buscando esa felicidad, esa libertad, como yo. Leía muchos libros, investigaba sobre filosofías, religiones comparadas, meditaciones y todo aquello que surgía al caminar por ese *sendero*.

La adolescencia es una etapa hermosa, aunque uno se aleja demasiado de la realidad, experimenta cosas, abusa de su libertad y define, a veces, una escala de valores que se aleja mucho del *camino*.

Cuando empecé a viajar en moto tenía mucho tiempo para

pensar, mucho tiempo de silencio. La soledad ayuda a encontrarse y encontrar a personas interesantes. Durante la semana trabajaba en una empresa de comunicaciones y cada fin de semana trataba de viajar, irme de campamento, buscarme ese espacio para leer y descubrir aquello que claramente no estaba a disposición de cualquiera. Pero, salvo algunas cuestiones menores, no encontraba nada significativo. Tenía la esperanza de que en cada viaje o en algún campamento, se me apareciera algo o alguien que me conectara con ese *otro mundo*.

Sabía que ese *maestro*, o eso tan valioso, no aparecería en medio de mucha gente, en lugares muy concurridos, con mucho ruido, donde la gente está tan exteriorizada y vive situaciones tan superficiales. Sabía que la tranquilidad y el silencio eran el mejor lugar para descubrir aquello que buscaba. Pero nada de eso sucedió.

Así pasaron los días, los meses y los años. Seguía creciendo y buscando. Poco a poco, llegaron los desafíos de un adulto: la casa, la pareja, los hijos y todo lo que exige una vida normal. Aunque mi búsqueda seguía, seguía esperando la llegada de ese momento, del *gran encuentro*.

Trabajaba y estudiaba mucho para estar actualizado en mi profesión, en aquel entonces, las computadoras abrieron una brecha muy grande entre quienes teníamos ese conocimiento y quienes trataban de incorporarse a la tecnología. Era un tiempo muy competitivo, desgastante. El desafío parecía cada vez más exigente. Me dormía exhausto y me despertaba alterado. Ya no prestaba atención a mi entrada y salida del estado de sueño, y vivía superficialmente, como un autómata, fuera del orden del universo. Esto alteraba mi alimentación, mi salud y mi vida en general. Me resistía a vivir y terminar como todo el mundo. Sabía que, en cualquier momento, encontraría aquello que tanto buscaba, eso que era tan *valioso*.

Poco a poco, me alejé de esos lugares tranquilos, dejé de escuchar a los pájaros, dejé de buscar esos momentos especiales y, simplemente, me perdí entre la gente tratando de ser uno de ellos. Adapté mi escala de valores, a los valores convencionales y viví arrastrado por las olas de la vida normal.

Así llegaron los problemas, las crisis, los dolores y todo lo que se produce en una vida como la de todos. Una persona común impulsada por sus deseos y limitada por su propia forma de generar situaciones conflictivas, es algo normal.

Muchas veces, nos generamos tantos problemas hasta que buscamos el apoyo de nuestros padres, luego en personas allegadas y después hasta en nuestros hijos cuando son mayores. Pretendemos que todos nos ayuden a llevar la carga que nosotros mismos generamos. No quería formar parte de este círculo vicioso.

La mayoría, año a año, trabaja para comprar su casa y luego para mejorarla, comprar el auto y luego comprar un modelo más nuevo; tiene cada vez más ropa, cada vez más electrodomésticos, cada vez más estanterías y más placares para guardar lo que acumula. En sus casas siempre hay, un lugar usado como depósito. Allí guardan esas cosas que posiblemente, en algún momento, las usen. Y así cada vez van necesitando una casa más grande.

Al no estar orientados en lo que realmente buscan, simplemente tienen cosas que les sirven para disfrutar en aquellos momentos que les quedan libres. Así cargados de ropa, artefactos, recuerdos en la pared y tantas cosas, cosas que cargan sobre sus espaldas en el viaje. Cada cosa que atesoran, tiene un vínculo mental y energético con el pasado.
Suelen decir: —Esto lo compré en aquel lugar, cuando visité...

Energía que se gastó en aquel momento y sigue vinculada hoy. Muchas de estas cosas necesitan más lugar para exhibirlas, más repisas, más habitaciones, más depósitos y así, cuando nos damos cuenta, estamos cargados y apegados a todas esas cosas que nos dificultan en el viaje.

Las personas sueñan con un golpe de suerte, una situación mágica, o algo que les cambie su vida. Que, incluso cuando en raras ocasiones sucede, creen que es un premio del cielo por su actitud de vida, y así potencian aún más y más sus puntos de vista, tan fijos y personales, sus vicios de la personalidad, sus proyectos individualistas y todas esas cosas que las hunden cada vez más en una vida… sin vida, sin libertad y sin felicidad.

Pero algunas, en algún momento, reciben una señal, una guía, una puerta a una nueva vida. Conocen a alguien, descubren un libro que los despierta o simplemente encuentran a un maestro que los guía hacia el *sendero* correcto.

Esto pensaba yo. Y por la bendición de Dios, me sucedió…

EL REGALO MÁS VALIOSO

CAF

El maestro apareció

Dios siempre me guiaba, aunque muchas veces, yo no lo advertía. Las circunstancias y las crisis de mi personalidad me llevaron a conocer a mi primer maestro en el plano físico. Él fue, sin dudas, el hermano, que puso mis pies en el sendero. Me enseñó a volver a mí interior. Me enseñó, que Dios era algo tan real como el agua que tomamos todos los días.

Aprendí con él, el poder de la plegaria, el agradecimiento y el disfrutar de cada momento. Leí sobre las enseñanzas de los grandes Maestros de Sabiduría de la humanidad. Poco a poco recordé el camino y me volví a conectar. Aprendí a disfrutar, a agradecer, a vivir en *la presencia*. Vivía con Dios. Cuando limpiaba consideraba que Dios estaba ahí, que lo hacía para Él. Cuando lavaba los platos, lo hacía como si Dios mismo los fuese a usar. Si extendía la cama, era como si fuera para que Él la pudiera usar y así, se convirtió en una compañía constante. Me sentía observado, acompañado, pero desde el más abarcante *Amor* que percibía en su *presencia*.

Hoy cuando me recuerdo jugando con mis hijos, los veo enfrentar pequeñas situaciones de riesgo y atreverse a más, sabiendo que estoy ahí. Ellos se alejan y cada tanto observan si los observo, y así se sienten acompañados y cuidados. Pienso que nosotros, cuando somos conscientes de su existencia, siempre podemos más, somos más fuertes y mejores... pero en su *presencia*.

Hay un dicho Sufí que dice:

> *"Un Sufí es aquel que sabe que Dios lo está mirando...*
> *y si no lo sabe, no importa, igual Él lo está mirando."*

Con mi maestro, comprendí que lo que había dentro de mi

Cueva, esa luz, esa felicidad y ese amor, era la *presencia* de Dios. Que no era una sensación, sino un lugar para experimentarlo. Un lugar, donde sólo se podía permanecer en un estado de consciencia que lo fui perdiendo cuando crecí y me fui olvidando.

Aquellos que no tuvieron la suerte de recordar el camino de retorno, como yo, podrían usar la plegaria como medio, como forma, como camino de regreso. La plegaria, el silencio, la respiración, la meditación; son las herramientas para llegar a ese estado de *presencia*. Creer que perdemos tiempo al practicar estas cosas, es la ignorancia que nos lleva a enredarnos en la vida mundana.

En algún momento comprendí que, en su *presencia*, todo era más fácil y menos conflictivo. Solo era cuestión de seguir sus enseñanzas, y así las cosas no generaban conflictos posteriores. Cuando olvidamos esto y actuamos desde nuestra personalidad, siempre terminamos en situaciones conflictivas.

Vivimos dormidos hasta que nos damos cuenta que no somos nosotros los que hacemos cuando Él está, sino que es Él el que hace a través de nosotros y nosotros somos los que a veces estamos.

Recuerdo las primeras conversaciones con mi maestro. Él me dijo: —Viniste a buscar algo como si pudieras llevártelo cuando esto termine, pero en realidad, si hacemos las cosas como debemos hacerlas, vas a perder todo lo que tienes.

—No hay problema. — respondí — como no tengo nada, no es mucho lo que puedo perder. — Y mi maestro, simplemente, dejó escapar una sonrisa.

—Sólo espero aprender, evolucionar, salir de mis conflictos y ser libre.

Pero, como dicen las enseñanzas: "No se puede cargar vino nuevo, en odres viejas".

Y así, es como primero tenía que perder todo lo que sobraba en mí, para llenar la nueva vasija con el agua de la vida.

Así fue como inicié mi camino. Mi primer aprendizaje fue sobre la limpieza. Limpieza en todo sentido; físicamente, emocionalmente y mentalmente. Aprendí a *limpiar* mi cuerpo, por dentro y por fuera. Pero sobre todo, a no volverlo a cargar con cosas tóxicas. Aprendí a observar mis emociones y a trabajarlas. Los pensamientos también fueron un gran trabajo de aprendizaje.

Definitivamente, aprendí lo que tenía que aprender, y olvidé lo que no era necesario. Y lo innecesario, era mucho. Tuve que limpiar de mis espaldas y mi cabeza, muchos años de conductas nocivas para iniciar el *camino*. Tuve que dejar todo aquello que sobraba en mí, actitudes, formas, mentalidades, emociones tóxicas, hábitos, reacciones, movimientos físicos, gestos, modismos; en fin, muchas, muchas cosas que sobraban en mí.

Recuerdo que mi maestro me preguntó: —Si pudieras comerte tus pensamientos... ¿estos te alimentarían o te envenenarían?

Creo que, en aquel momento, estaría envenenado como mucha gente que se dice normal.

Cuando fui consciente de todo lo que tenía en mí, me di cuenta que todo lo que no necesitaba era mucho y que lo realmente necesario todavía no lo tenía. Todo lo demás, era lo de menos. Siempre busqué algo mágico, algo que cambiara todo de golpe, como si me abrieran una puerta y pudiera entrar a otra dimensión, como si mi personalidad se transformara con un simple chasquido de los dedos, y podría pasar a ese *nuevo mundo*.

Pues no es así. Ese otro mundo existe, pero los intoxicados simplemente no lo vemos, no lo percibimos, no lo podemos disfrutar porque justamente, ese velo que tenemos, nos invalida esa visión, esa forma de percibir y de vivir en ese mundo que está exactamente en el mismo lugar en el que vivimos. Lo que cambia, definitivamente, somos nosotros.

No podemos entrar a ese mundo pensando así, comiendo así y actuando así; tan llenos de cosas y actitudes nocivas. Con todo lo que cargamos en nuestros cuerpos, nuestras emociones y nuestras mentes, es imposible acceder a ese otro mundo, a esa otra realidad. Recuerdo que tenía sueños que tímidamente me permitían ver, percibir, pero luego simplemente, volvía al cotidiano.

Por suerte al encontrar a mi maestro, me permitió conocer otra *realidad*. Quizás fue sólo la compañía, generarme ese espacio y esa contención para que pudiera hacer el trabajo. Después de varias charlas y varios momentos compartidos, él me propuso ver mi *carta natal*. Recuerdo que la observo por unos instantes y me hizo algunas preguntas sobre mi vida. Asentía con la cabeza con algunas respuestas y me fue guiando a que me dé cuenta por dónde iba mi camino.

Pregunté incrédulamente: — ¿La astrología, puede decir que me va a pasar?
—La astrología no es para ver qué nos va a pasar, sino, qué tenemos que hacer para que las cosas que queremos, efectivamente pasen. — Respondió con una mirada, como esperando otra pregunta.

Ya había aprendido sobre la prudencia de algunos silencios. Sólo traté de que esa frase no se me olvide.

Me sugirió algunas lecturas de cosas que no conocía y me pedía que le hablara de las impresiones sobre lo leído. Recuerdo largas charlas debajo de un árbol de mangos, que con su sombra, formaba como un espacio en otro mundo. En invierno, sentarnos al sol también era muy placentero. Aquellas conversaciones con el tiempo fueron construyendo en mí, una persona diferente.

Había cambiado mi alimentación, mi respiración, la observación de mis emociones, de mis pensamientos y la definición de objetivos internos y externos. Todo eso me ayudó mucho. Observábamos los tiempos de la astrología, las lunas llenas y las lunas nuevas, los tiempos de mercurio retrógrado, y algunos planetas que hacían aspecto en mi carta natal.

Todo era muy relacionado a mi vida cotidiana. Mi trabajo, mi familia, mi economía, mi evolución interna y externa, por fin tenían un ritmo, un método. Esto permitió mucho avance y muchos logros en mi vida. Era una vida simple, pero consciente de la realidad tanto interna como externa.

Las quejas, las crisis, los dolores, las enfermedades, fueron dando lugar a las vivencias y los momentos especiales; estabilizando mis estados de libertad y felicidad. En ese momento, me di cuenta de que había encontrado ese mundo que estaba buscando, justamente en medio del mundo en el que vivía todo el tiempo. La diferencia era que ahora, tenía un espacio interno también, una orientación para respirar, para pensar, para actuar, para vivir. Todo estaba en armonía con la vida.

Pensar que yo creía que la gente que meditaba y tenía sus plegarias, vivía como desconectada del mundo y perdía mucho tiempo. Nada más errado, nada más equivocado. Los que viven fuera de la realidad, cegados y atropellando circunstancias, son aquellas personas, que creen que viven en la realidad, hasta que se les termina el tiempo y se dan cuenta de la cantidad de momentos que vivieron perdiendo tiempo.

Hoy vivo, como todos, una vida normal, pero consciente, dándome los momentos para hacer lo que tengo que hacer y mágicamente, el tiempo alcanza para todo y el progreso llega, como resultado de una planificación y un conjunto de acciones conscientes.

Uno de aquellos días de los que me quedaba en la casa de mi maestro, después de las plegarias, solíamos compartir unos momentos antes de empezar a trabajar. Al principio eran muchas conversaciones, muchas preguntas de mi parte, y con el tiempo los silencios se fueron extendiendo. Cuando se encuentran dos personas comunes, suelen haber esos momentos de silencios incómodos, o peor aún, esa necesidad que siente uno de los dos de que el otro haga un poco de silencio. En nuestro caso, cada vez más, se extendía el silencio. Largos momentos de silencio que solíamos compartir y disfrutar.

A veces las conversaciones eran tan sutiles que no rompían el silencio. Se podían escuchar los pájaros o el sonido del viento entre las palabras. Horas de compartir la *presencia* y cada tanto surgía alguna pregunta de mi parte, como esas nubes en el cielo, que suavemente adornan el azul celeste del fondo.

Él, después de una suave respiración, con una mirada amorosa, un día preguntó: —Si pudieras regalarle a la persona que más amas el regalo más valioso… ¿Qué sería?

Había aprendido que nunca debía contestar por impulso, siempre tenía que esperar la respuesta desde el interior. No podía simplemente soltar el primer pensamiento. Así que inspiré y puse mi mirada en aquellas ramas de un sauce que se movían con el viento y dije: —No sé. No sé si tengo algo tan valioso.

De pronto, relacioné todo con *Nadir*, el nombre del hijo de mi maestro. Que en lengua árabe significaba ***"lo valioso, lo difícil de conseguir, lo extraño, lo único".***

Y la respuesta, se presentó en mi mente. Entonces, respondí: —Si tuviera un hijo, le regalaría algo que le sirva para siempre, algo que jamás lo pueda perder, algo que le sea útil en todo momento.

—Y entonces ¿Qué sería? — volvió a preguntar.

—Creo que lo más valioso que tengo ahora, es esta experiencia de vivir en la *presencia*. Sin dudas compartiría eso.

—El esplendor de la existencia, es que las cosas más valiosas son aquellas que se las puede compartir, sin perderlas. Un regalo así es verdaderamente valioso. — Dijo él.

—Es el Regalo más Valioso. — Acentuó con una sonrisa.

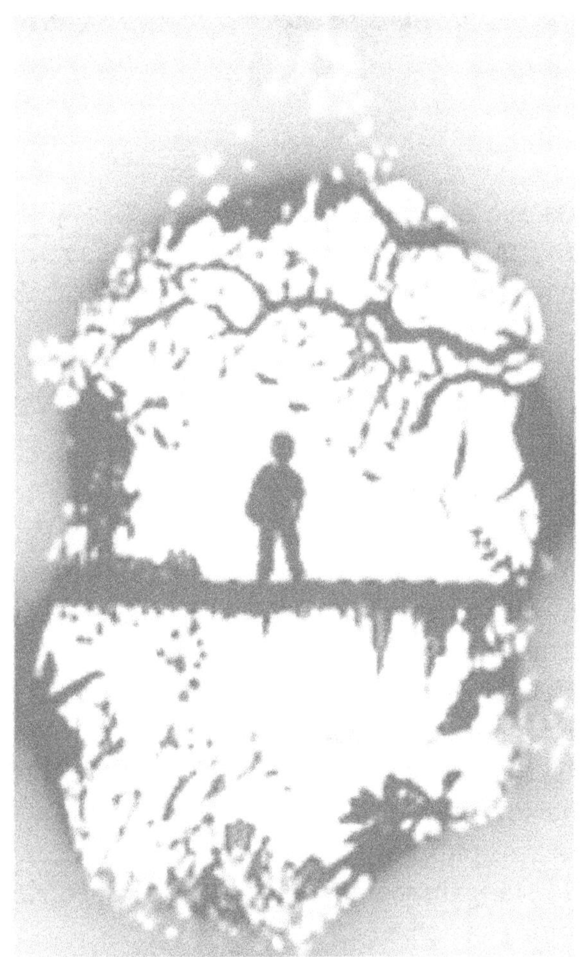

EL REGALO MÁS VALIOSO

CAF

Los cuentos sufíes

Mi maestro, usaba mucho los cuentos sufíes y las parábolas para enseñar. Decía que los cuentos quedan en la memoria y son más fáciles de recordar para trabajar una virtud.

Uno de esos cuentos sufíes:

Por el camino que va hacia la Meca, un sufí caminaba en la *presencia de Aquello*. Solitario y muy tranquilo, observaba con placer cada cosa en el camino. Más atrás, venía un carro con otro peregrino que hacía el mismo viaje, hacia el mismo destino. Llevaba en su carro bastante agua, mucha comida, unas alfombras y otros cobertores que hacían una confortable cama, en poco lugar, pero con mucha comodidad.

Al pasar por al lado del sufí, este peregrino lo saludó y pensó en el sufrimiento de este pobre hombre que debía caminar bajo el sol y sin poder disfrutar del viaje. Por suerte su carro tenía un toldo amplio, que hacía buena sombra y si tenía sed o hambre, era solo cuestión de estirar los brazos para tomarlo.

— Quizás, aquel hombre peregrinaba hasta la Meca para pedirle a Dios que lo saque del dolor y la pobreza. — Pensó.

En ese momento una de las ruedas chocó contra una piedra y se salió de su eje. El carro se desplomó de costado, desparramando por el camino todas las pertenencias de aquel peregrino. Un gran susto, seguido de una gran preocupación que envolvía ahora al propietario del carro. Pensando en ¿Cómo podría solucionar el problema? De pronto recordó al Sufí que venía caminando más atrás por el camino. Pensó en pedirle ayuda para colocar la rueda en su lugar y quizás, incluso, lo invitaría a compartir el viaje en la comodidad de su carro. Después de todo, seguramente iban al mismo lugar.

Cuando el sufí llegó al lugar, sin que fuese necesario el pedido de ayuda, este ya había tomado la rueda y estaba preparado para ayudar. Trabajaron los dos para poner la rueda en su lugar, y al terminar de juntar las cosas del suelo y acomodarlas nuevamente en el carro, el propietario ofreció un lugar para compartir el viaje, a lo que el sufí rechazó amablemente. El propietario insistió y el sufí insistió en que prefería caminar.

El propietario sacó una bolsa con monedas y ofreció algunas al sufí. Este miró las monedas y miró a los ojos al propietario preguntándole: — ¿Tiene más?

El propietario sorprendido, respondió con vos de duda: —Sí... tengo, pero las necesito.

Y el Sufí dijo sonriendo suavemente: — Bien, tome estas también entonces, pues yo no tengo, pero tampoco las necesito. No necesito monedas, ni carro, ni ruedas, ni cosas que me distraigan en este viaje.

Y con una amistosa sonrisa, se alejó en *presencia de Aquello*.

Este cuento me acompañó durante toda mi vida. En aquellos momentos que trabajaba para lograr objetivos específicos y enfocarme solamente en eso, fue de mucha utilidad entender este cuento sufí. No se trataba de pobreza, ni de fanatismos, como aparenta a simple vista. Solo cuenta la historia de un peregrino que tiene muy en claro que, cuando uno se define metas en la vida, sólo hay tiempo para ayudar, o para servir a los demás y todo el resto del tiempo hay que avanzar sin distracciones, sin cambio de planes y sin dejar que las comodidades superficiales nos distraigan.

—"Las comodidades pesan" — decía mi maestro.

Seguramente uno automáticamente piensa que se trata de una historia de pobreza, de miseria, de miedo a tener cosas, de personas que tienen poder porque tienen más cosas, y personas que como no tienen, son desafortunadas y necesitan ayuda. Pero estos son nuestros preconceptos, nuestros prejuicios.

Muchas veces, cuando se acerca alguien por la calle a pedirnos monedas, nos sentimos incómodos, sentimos que estamos en una situación inesperada, es un momento que siempre tratamos de evitar. Estamos acostumbrados a pedir y no a compartir. El que pide es un mendigo y el que da es quién está unos escalones más arriba. *"La limosna y el mendigo"*, es otro cuento sufí, que podré contar en otro momento.

Pero sentirse mendigo implorando por nuestros deseos, es una situación muy triste. Es como cuando hacemos nuestras plegarias, que creemos que en vez de agradecer, tenemos que estar siempre pidiendo. Que bendigan nuestra mesa, a nuestra familia, que nos den el pan de cada día... y así con una lista de pedidos. Como si Dios no sabe lo que realmente necesitamos. Estar pidiendo lo que deseamos, poniéndonos en una situación que nadie debería estar, y además salir a dar lo que nos sobra como limosna, es denigrante.

Lo que vale se comparte, de igual a igual. Compartir es Amor. Compartir es sabiduría en acción.

Cuando los discípulos se acercaron al Maestro Jesús y le dijeron:
— Maestro, ¿Cómo vamos a alimentar a toda esta gente?

—Traigan lo que tengan. — Dijo Jesús.

—Es que sólo tienen 5 panes y dos pescados.

—Entonces tráiganlos. — Ordenó

Y Él multiplicó lo que existía, compartiéndolo. No le pidió a Dios que abriera el cuerno de la abundancia y les dé toda la comida desde el cielo; que salieran del cuerno de la abundancia panes, queso, leche, frutas y todo tipo de alimentos.

— Compartamos lo que tienen y se multiplicará con la gracia de Dios. — Dijo Él.

Pero ellos, también pusieron de su parte. Lo que tenían lo compartieron. No hubo limosna, ni mendigos; solo había mucha gente compartiendo entre iguales. Eso es Amor.

La existencia de la limosna y el mendigo, es una situación incómoda. Ponernos a pedir en la calle o pedirle a Dios como mendigos, es la misma situación, sólo cambia la persona de poder. La espiritualidad habla de compartir de igual a igual, de dar lo que se tiene y de agradecer todo el tiempo. Compartir y agradecer, es un estado muy superior.

*"No agradecemos porque somos felices,
somos felices porque agradecemos todo el tiempo".*

En mi caso, el crecimiento interno se daba al mismo tiempo que necesitaba generar los recursos para vivir. Las dificultades de mis padres cuando era niño me llevaron a trabajar muy pronto, y gracias a eso, valoré mucho las vivencias que experimenté, con respecto a la cuestión material.

Como lo expresé al principio, no es relevante mi historia personal. No es importante mi biografía o los datos históricos o geográficos de mi vida. Cuando puedo recordar vivencias, me doy cuenta que las anécdotas no van a servir más que para contar un cuento fantástico y condimentarlo con sabiduría.

Pero estar consciente y presente, en el aquí y ahora, me permiten valorar estas enseñanzas, para enfocarme y lograr los objetivos. La cuestión material es una de las cosas importantes del desarrollo en la vida. Siempre tuve el objetivo de hacer cosas por la experiencia, por la vivencia, para aprender más; siempre como un desafío, como un juego. Aquel que trabaja en algo que lo hace sentir un esclavo, es simplemente un esclavo.

Trabajos y negocios me permitieron llegar a una vida normal, una vida como la de muchos, con las cosas normales que tiene cualquiera, pero sin olvidar que el camino interno también hay que caminarlo, vivirlo.

En el cotidiano la personalidad tiene su trabajo y en el interior el ser, también tiene su tarea. Dejar de lado el trabajo interno y solo dedicarnos a lo exterior, nos deja vacíos y al no poder escuchar ese mensaje que viene desde adentro, las crisis nos arrastran al dolor y la angustia, sin ningún aprendizaje.

Hay que vivir, ser libre y ser feliz. Hay que ayudar a vivir, a ser libres y que sean felices los que estén dispuestos a esforzarse por eso. Sin expectativas, sin esperar los resultados de nuestras acciones para con los demás, sin tomarse cosas a nivel personal. Como en el cuento del peregrino y el sufí. Hay que enfocarse en el camino de cada uno. Y nunca sentirse superior por tener más cosas/problemas que otros.

"Cada uno vive como quiere, pero todos consumimos el tiempo que nos queda".

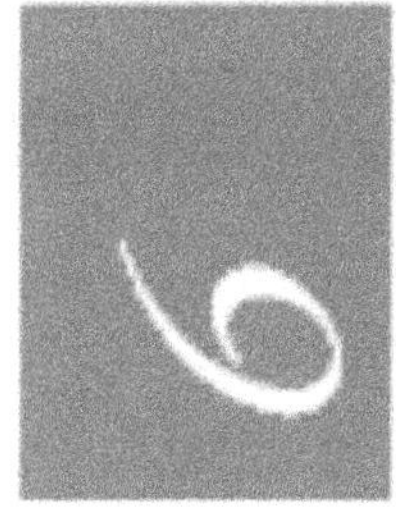

EL REGALO MÁS VALIOSO

CAF

La despedida

Mi maestro me enseñó a respirar, no había nada extraño en la respiración, solo era suave, profunda, lenta y uniforme. Pero el secreto, estaba en la atención, que tenía que poner a la inhalación y la exhalación. Momentos específicos del día, que eran instantes eternos en mí.

El aire es el vehículo que nos transporta hacia lo interior. Todo comienza con el flujo y la dirección del aire y sigue por el sonido de la pulsación. Entre cada respiración hay un espacio tiempo, entre cada pulsación hay un espacio tiempo y entre cada pensamiento también lo hay. Conocer esos silencios, nos permiten poco a poco percibir la realidad.

Es como estar mirando un paisaje desde una estación de trenes. Cuando un tren frente a nosotros, se pone en movimiento podemos ver el mismo paisaje presente eternamente a través de sus ventanas. Pero si nos dejamos atrapar por la imagen del tren de la vida en movimiento, ese paisaje deja de estar disponible para nuestra consciencia.

La vida en el exterior es como trenes, en una estación. Todo va y viene y nosotros nos distraemos con cada uno de ellos. No podemos percibir el color de las nubes que nos anuncian una tormenta, porque estamos enfocados en la gente que va dentro del tren. Hasta que la lluvia nos sorprende y entramos en crisis.

Así nos preguntamos: ¿Por qué nos mojamos?, y cuando nos vuelve a pasar, creemos que el karma o la mala suerte nos persigue. La falta de consciencia en el presente, nos lleva al sufrimiento.

—No tengo tiempo para estar mirando el paisaje y las nubes. — Decía un amigo mientras perdía tiempo, cambiándose la ropa mojada.

Así las crisis nos suceden porque vivimos mirando los trenes pasar. Sin poder detenernos a prestar atención a lo importante.

Recuerdo un día, sentados bajo ese árbol de mango. Estábamos en ese momento de la respiración, sentados cómodos, mirando sin mirar, muy concentrados en la inhalación y la exhalación.

En ese instante, pasaba un vecino, que saludó alegremente levantando sus dos brazos. Yo asentí con la cabeza y mi maestro, saludó cálidamente levantando también sus brazos. No creo que el vecino, pensara que estábamos en un momento de plena meditación, en un estado profundo de consciencia. Seguramente el veía dos personas normalmente mirando el paisaje.

Justamente esa tarde pensé, que así seguramente habría pasado yo, muy cerca de personas evolucionadas, que percibía como normales en situaciones cotidianas.

Mi maestro siempre decía: — La espiritualidad no debe ser misteriosa, no debe ser seria, no debe ser miserable y mucho menos soberbia.

Siempre se lo veía, como un hombre libre y de buenas costumbres, una persona amable y sencilla. Muy pocos conocíamos sus capacidades para curar, para guiar, para resolver situaciones difíciles y sobre todo para ayudar a las personas. Siempre tenía tiempo, siempre tenía felicidad y sobre todo la voluntad para compartir todo eso.

Con él, aprendí sobre la salud y la enfermedad, sobre una forma de vida simple, pero sin problemas. Aprendí, a anticiparme a las crisis y a encontrar esas oportunidades donde otros veían problemas. No se trataba de ser sabios, de ser pícaros o de ser inteligentes. Solo se trataba de vivir en la Presencia, de vivir más despiertos, seguir una vida simple y tener tiempo, para ver las cosas con anticipación.

Observaba como todo el mundo buscaba en tierras mágicas, altas montañas y lugares lejanos, la solución de sus problemas. Buscaban soluciones fantásticas, en nuevos cursos, nuevos métodos, nuevas enseñanzas y hasta en personas, que a simple vista, eran mercaderes de ilusiones. Seguramente pensaban, que cargando toda esa personalidad tóxica, con vicios y malas actitudes, iban a encontrar el camino a la libertad y a la felicidad. Cuando uno está lleno de cosas, nunca encuentra lo que verdaderamente busca.

Había pasado cierto tiempo. Cada noche pensaba en lo que aprendí durante ese día. En cada luna nueva, hacía un resumen de todo lo aprendido desde el principio y me ponía objetivos para esa nueva luna, esos nuevos 28 días.

Objetivos internos y externos, tareas que tenía que completar y también actitudes o situaciones que quería cambiar. Fue muy importante para mí, registrar todo lo que fue pasando, cuando reviso todo lo que escribí, me doy cuenta de la cantidad de situaciones que fueron cambiando.

Así pasaron los días y los meses. Y de luna en luna, florecían las cosas.

Por alguna razón, un día mi maestro, me saludo con mucho afecto. Me dijo que tenía que vivir, que practicar todo lo que aprendí. Vivir, ayudar, trabajar, tener una esposa e hijos que puedan ser personas capaces de dar algo al mundo y que no vivan solo para consumirlo.

Así fue como simplemente me dijo: — Ya está... — Me regaló un libro y me dio un gran abrazo.

Así fue como entonces me despedí y me fui. Aunque hasta hoy, después de tantas décadas, sigo recordando, cada uno de esos momentos compartidos.

EL REGALO MÁS VALIOSO

CAF

El final y el regalo más valioso

El Regalo más valioso, es compartir este secreto, esta entrada a ese Lugar. Un tesoro muy valioso, escondido tan cerca y tan dentro de cada uno de nosotros, que pocos conocen.

A cada paso por la vida, uno camina rodeado de personas, pero muy solo por dentro. Todos los que podemos disfrutar de la soledad, el silencio y la paz interior, sabemos que se comparten cosas con la pareja, con los hijos, con la familia, con amigos y con personas, que momentáneamente pasan por nuestras vidas. Pero todo ese tiempo que transcurre a través de esa vida exterior, tiene un paralelo equivalente en nuestro interior. Tener una vida activa interiormente, es lo que diferencia a la gente, que vive como una máquina, impulsada solo a satisfacer sus deseos y un ser, que disfruta de lo que la existencia pone en su realidad, a cada instante.

Hoy después de varios años, vivo atento a mis experiencias internas. Ver crecer a mis tres hijos, compartir hermosos momentos con mi amada esposa. Disfrutar de las vivencias que se dan cada día y sentirme realmente libre. Hacen que con verdadero Amor, quiera compartir.

Aquel lugar dentro de mí, se convirtió en el Templo, donde sucede lo sagrado, donde el mensaje es escuchado y puedo experimentar esa Presencia. El susurro de las enseñanzas que me guían y todas esas señales, a las que hoy presto atención, vienen desde ahí, desde ese lugar, donde el espacio y el tiempo no existen.

Hoy como el compartir es valioso, escribo algunas de esas cosas, que aprendí en ese lugar, en ese Templo.

"EL paraíso está dentro de nosotros y también el infierno. Es el mismo lugar, incluso nosotros somos los mismos, pero cambia la

actitud y la consciencia. Si permanecemos con todos nuestros demonios creados por nuestros pensamientos y alimentados con nuestras emociones, ese lugar se convierte en algo horrible. Eso es normal, es común, es lo que la gente tiene dentro suyo. Esta es la razón por la que vive a fuera, de sí misma".

"Imaginemos que tenemos una casa de cristal, luminosa y espaciosa. A medida que el tiempo pasa, vamos metiendo en ella todo tipo de cosas y recuerdos. Vamos ocupando lugares, colgando recuerdos en sus paredes, limitando el espacio que tenemos y la luz que pueda entrar. Hasta que un día, está tan cargada de cosas, y es tan asfixiante ahí adentro, que decidimos vivir afuera".

"Lo importante es que nos reconozcamos como caminantes, en el camino. Vivir en el estado de la Presencia es la meta, no hay destino final, no hay donde llegar, la meta es el camino mismo y descubrirnos a nosotros mismos, durante el viaje".

"Cuando abandonamos el deseo, también desaparece el miedo. Las emociones, son como charcos en el sendero, nos demoran en el viaje, nos impiden vivir conscientes y presentes en la vida".

"La Felicidad y la Verdad, al principio son

estados, hasta que se convierten en lugares. No son cosas que las podemos adquirir. Si vivimos en la Presencia, podemos experimentar este estado o este lugar. Si solo lo buscamos en los libros, en algún maestro, en alguna religión o incluso en alguna practica espiritual; solo será como una foto del camino, pero no tendremos la vivencia del paso a paso".

"Cuando aparece un pensamiento en nosotros y lo alimentamos con emociones, poco a poco esto nos transforma y nos posee. Tenemos que ser conscientes del tipo de pensamiento que fortalecemos en nosotros, porque en eso nos convertiremos". Los pensamientos nos emocionan y actuamos, las acciones se convierten en hábitos y estos en conductas y así forjan nuestra personalidad.

"Vivimos con una expectativa, con un deseo y cada expectativa, viene con la sombra de una decepción y la búsqueda de otro deseo. Así corremos de ilusión, en ilusión; hasta que el tiempo se nos termina. Es como un juego de niños, que no podemos dejar de jugar. Hasta que entendemos que la sorpresa, el descubrir, el vivir jugando, es el motivo del verdadero juego externo. La vida, está por dentro y nos sorprende alegremente a cada momento... si estamos presentes".

"El silencio y la sonrisa, es el idioma de las personas más evolucionadas".

"Los sentidos alimentan la mente, la mente alimenta los pensamientos, los pensamientos alimentan las emociones y las emociones, alimentan nuestra forma de ser. Tenemos que observar desde nuestro interior, en qué estamos posando nuestros sentidos". Esto es estar despiertos, estar presentes".

"Cada día al despertar, queremos salir rápidamente al exterior, queremos llamar, mandar un mensaje, correr al trabajo, atender las obligaciones y todo esto sucede, todos los días. Si pudiéramos respirar, buscar la calma y escuchar el mensaje del día, en esos primeros momentos al despertar, todo sería más armónico, todo tendría un orden. Pero simplemente salimos corriendo hacia la vida atropellando obstáculos, como si escapáramos de nuestro interior".

□ ❖ □

"Nadie vive para cumplir nuestra meta en la vida, para usar nuestros talentos, para florecer por nosotros, para dar a la existencia lo que vinimos a compartir en ella. Cada uno vive, para hacer su trabajo, para cumplir su meta, para caminar su camino. Si no hacemos lo que tenemos que hacer, solo duraremos un tiempo, quizás una vida entera, pero nada interesante pasará, seremos como una flor, que dura hasta que se marchita. No podemos esperar que alguien florezca por nosotros".

"La libertad, la paz y la felicidad, están acompañadas de un montón de despedidas, un montón de renuncias, un montón de apegos por soltar. Acumular es perder tiempo, sosteniendo cosas que nos distraen.

"Cuando nacemos nos dan un nombre y a este nombre lo vamos cargando de logros. Así vivimos en una sociedad, que nos reconoce por ese nombre y sus logros y a veces, hasta por las cosas que podemos adquirir. Pero esto no somos nosotros, no es nuestro verdadero "Yo" real. Cuando descubrimos esto, dejamos de buscar la aceptación social, la aprobación y el reconocimiento. Este es el principio de la libertad y la paz, que nos lleva a la felicidad eterna.

"Cuando nos gusta una flor o una mariposa, queremos llevárnosla a nuestra casa. Si arrancamos la flor o si capturamos esa mariposa, seguramente morirá. Atesorar, es matar y morir. Muere la flor y muere el que ama a la flor, muere la mariposa y muere el que ama la mariposa. Compartir es vivir en el estado de Amor, capturar es vivir en el estado de poseer".

"Este Sendero, tiene dos límites a sus lados, uno es el recuerdo y otro es la imaginación. Cuando giramos la atención a un costado,

nos salimos fácilmente del Sendero y todo el camino se convierte en un esfuerzo por evitar los obstáculos. Caminemos por el centro, observando los pensamientos que vienen a nosotros. Identifiquemos si son recuerdos o imaginaciones, pasado o futuro; y dejemos que se disuelvan. Lo que quede será la Presencia".

"Tenemos miedo a la consciencia interna, porque esto crea un mundo, que no podemos controlar. El control solo puede existir, cuando existe el miedo".

"Aprendamos a valorar a la persona que nos comparte su tiempo, porque nos está dando algo que nunca recuperará.

"Todo aquello que podamos comprar solo con dinero, es barato, pero el tiempo que perdemos para ganar ese dinero es irrecuperable".

"Hacer, es en la vida exterior. Podemos hacer algo para ganar dinero, para conquistar a alguien, para lograr alguna cosa; todo aquello que del esfuerzo se trate, es una cuestión humana, externa impulsada por el deseo. Pero hay cosas internas, eternas, verdaderas que suceden sin el esfuerzo. Si estamos en la marea de la existencia, solo la corriente nos llevará a la orilla, si intentamos nadar, solo nos agotaremos hasta hundirnos.

Aquello que no podemos cambiar, aquello que no podemos controlar, está más cerca de lo verdadero, y esto solo se percibe por dentro".

"Cada religión tiene un salvador, y espera ansiosamente por su llegada. Cientos de años soportando el sufrimiento, porque en algún momento el salvador llegará. Pero el salvador habita dentro de cada uno de nosotros y está justo ahí, justo ahora, no hay nada que esperar, solo hay que ir a su encuentro en el Templo Interno".

"Todos tenemos ese lugar, no tenemos que esperar a ningún maestro, ningún salvador, ninguna situación especial, ninguna crisis, ninguna enfermedad, ningún dolor; para visitar ese Cielo en nosotros mismos".

La Plegaria

Que las estrellas en el cielo y en mí,

me guíen por el rumbo hacia la luz.

Que el silencio disuelva el ruido

y pueda escuchar el susurro del alma.

Que el fuego ascienda hasta lo alto de mi cielo.

Que el Amor sea el impulso de mis acciones,

y pueda servir, a quienes necesitan

compañía en el camino.

Que cada día sea un paso hacia adelante,

sin importar la demora.

Que viva en la Presencia,

donde el tiempo y el espacio son uno.

Yo soy aquello, aquello soy Yo

y el corazón nos conecta.

CAF

Sigamos compartiendo con felicidad y alegría... Nos encontramos en el próximo libro.

CAF es un escritor, un Hermano de la vida y un seguidor de los grandes Maestros de Sabiduría. Un compañero de viaje en este camino de la evolución interna. Nos comparte desde la experiencia, una forma simple y efectiva, para enfrentar nuestras crisis y evolucionar en nuestras vidas cotidianas. Nos propone desarrollar la personalidad y conectarnos con el alma, para encontrar a ese Maestro Interno. Él no es solamente un buscador de la Verdad, es una valiosa compañía en el camino de la búsqueda. Alguien que conoce el rumbo y nos comparte las herramientas, que hacen de este viaje una verdadera experiencia de crecimiento. Sus libros, charlas y prácticas, nos permiten identificar en qué etapa del camino estamos, y orientarnos en la dirección correcta, para avanzar y vivir mejor, en esta existencia particular que tenemos cada uno de nosotros.

Agradecimientos especiales

Gracias a la Presencia...

Un agradecimiento especial a mi hija Antonella, por su colaboración en la idea y la corrección de este libro.

También un gran reconocimiento al trabajo de Brian Gauna por el maquetado, diseño y tapa de este libro.

Sin el aporte de cada uno de ellos, este libro no tendría lo que se merecía tener.

Saludos Fraternales.

CAF

IG:
@NADIR.ENELCAMINO

www.nadir.com.ar

Contactos con el escritor:

+ 54 9 11 5599 5855

nadir.enelcamino@gmail.com

Otros Libros:

- *Susurros del Silencio*

- *El Alma y su Sabiduría*

- *Nodos Lunares – EL Camino del Alma*

- *El Regalo más Valioso*

- **Nadir en el camino**

Este libro como todos los impulsados por NADIR, tienen características de una obra artesanal. Su comercialización permite generar más contenidos como los de esta publicación.

Desde Argentina:

CTA: 1000221499
CBU: 3108100900010002214998
Alias: Caf.Nadir.bs

CVU: 0000003100066207957512
Alias: CAF.NADIR.mp

Desde el exterior:
https://paypal.me/CAFNADIR?country.x=AR&locale.x=es_XC

Nuestros Libros están en: Amazón

https://www.amazon.com.mx/REGALO-
M%C3%81S-VALIOSO-EXPERIENCIA-
ESPIRITUALIDAD-ebook/dp/B0CW1FVSKC